NINFAS

SIN

ESTRéS

Martha Marquina

El estrés puede llevarte a lugares obscuros, encuentra tu paz para salir a la luz …, siempre hay una ninfa en nuestro interior.

Bibliografische Information der Deutschen Nationalbibliothek: Die Deutsche Nationalbibliothek verzeichnet diese Publikation in der Deutschen Nationalbibliografie; detaillierte bibliografische Daten sind im Internet über dnb.dnb.de abrufbar.

Herstellung und Verlag: BoD - Books on Demand, Norderstedt

ISBN: 978-3-7519-7193-5

Prologo

Quizás hoy sea una de las mejores épocas para ser mujer. Tenemos muchas libertades y facilidades para desarrollar nuestro potencial físico, biológico, intelectual y espiritual. Sin embargo, la presión social, los paradigmas sobre el papel de la mujer, junto con nuestras propias convicciones individuales y costumbres familiares hacen que esto se vuelva una situación de frustración y constante presión por encontrar la felicidad a través de la perfección en vez de la realización. En repetidas ocasiones he caído en cuenta de mi adicción al estrés y mi enorme tendencia al perfeccionismo, esto me ha llevado a enfrentar problemas emocionales, de salud, familiares y financieros por no saber manejarlo con el debido balance. La iniciativa del autor por escribir este libro me pareció además de maravillosa, una gran guía para toda mujer que quiera realizarse, llevar una vida completa en todos los aspectos de su vida sin morir en el intento. El autor lo escribe en base a sus propias experiencias para compartirlo con todas las mujeres que son madres, que son profesionistas, que se verán completamente identificadas y aludidas con varias de estas experiencias, ciertas vivencias y también se sentirán aconsejadas con las herramientas y recomendaciones que aquí se describe para poder acceder a una vida más saludable y consciente.

La temática de este libro podría incluso convertirse en una serie de títulos que nos ayuden a todas las mujeres con tendencias similares a profundizar mejor en cada tema. El público a quien se dirige es un público muy extenso, que, aunque el principal grupo son las mujeres casadas con hijos, pienso que también puede ser sumamente útil a mujeres solteras, sin hijos, jovencitas que estén terminando la prepa, la universidad o iniciando una vida laboral o familiar e incluso también para hombres.

La lectura es muy ágil, con un lenguaje muy amigable cuya narrativa genera inmediatamente empatía y curiosidad por seguir leyendo para ver qué nueva información hay más adelante con la que seguramente nos vamos a identificar y también a aprender.

Viviana Strassburger (Octubre, 2020).

Contraportada

Cuando en tu camino, encuentras la satisfacción de poder ayudar a alguien, significa que vas por el camino correcto.

Mi experiencia como asesor de salud, me ha llevado a un común denominador, la mayoría de nosotras las mujeres queremos contralor todo a nuestro alrededor, lo que nos genera frustraciones y estrés, vivimos gran parte de nuestra vida con niveles altísimos de cortisol, el cortisol es una hormona que se produce en la glándula suprarrenal y que sirve para aumentar el nivel de azúcar en sangre, se le conoce como la hormona del estrés, nuestro cuerpo la produce ante situaciones de tensión para ayudar a combatirlas, al activarse por periodos largos y constantes, deteriora nuestra salud, estudios han demostrado que afectan por ejemplo: al sistema digestivo, al corazón, al sistema respiratorio, al sistema reproductivo y en general al sistema inmune, afectando directamente nuestra calidad de vida, síntomas como depresión y ansiedad, insomnio, aumento de peso, falta de libido, entre otros, es decir impacta a nuestra felicidad.

En esta búsqueda de nivelar mis rangos de cortisol, encontré 10 herramientas que me ayudan a sentirme feliz, a darme energía, a tranquilizar mi mente, a darme tiempo para procesar mis emociones, a sentirme bella y amarme como soy.

Dedicatoria

Para esa mujer llena de alegría y entusiasmo, siempre viendo el lado positivo de la vida, llena de amor para dar, que no critica ni juzga a los demás, que entrega sin esperar nada a cambio, que nunca pierde su sonrisa y su buen humor, y a pesar de ser la pequeña de la familia, es la que más nos enseña, siempre aprendiendo de ti, te admiro y quiero mucho.

A mi maravillosa hermana, Paola

Introducción

Alguna vez se han puesto a pensar, como la vida te lleva a lugares o momentos inimaginables, a mí me llevo a uno mágico. La idea de escribir algo para mujeres nunca fue mi meta, cuando decidí estudiar Nutrición integral, estaba convencida que mi mercado serian deportistas y atletas de alto rendimiento, a los cuales les podría ayudar con una alimentación natural, que soportara toda la carga de energía que necesitan para esos entrenamientos pesados, específicamente quería enfocarme en triatletas, el motivo, muy fácil, mi esposo, había empezado años atrás, hacer triatlones, ese mundo me encanto, las competencias son enriquecedoras, llenas de una energía inexplicable, ves gente de todas las edades y nacionalidades, es impresionante ver gente de más de 70 años realizar competencias tan exhaustivas, valoras todo el entrenamiento que se requiere para poder llegar a la meta. No todos son súper atletas con cuerpos de revistas, eso es lo que más me gusto, la diversidad.

Mi sueño era poder estar en un stand en las Ferias que se exponen durante los días que dura el evento, ofreciendo mis servicios Coach de salud, para que ese atleta alcanzara al máximo su potencial con una alimentación sin químicos.

Para empezar, hicimos la prueba con mi conejillo de indias en casa, mi esposo, y satisfactoriamente ha sido el triatlón con mejores resultados, su entrenamiento fue basado con alimentos naturales y nutritivos, un trabajo que iba de la mano con todo lo que yo iba aprendiendo en mi certificación.

Los nuevos hábitos deben de incorporase poco a poco, de una manear paulatina, en este caso fue por un periodo de un año.

Cuando empecé con las asesorías, me di cuenta que de repente me empezaron a contactar muchas mujeres, la mayoría con el mismo objetivo: bajar de peso, al principio lo tomé como experiencia, decidí aceptar a mis primeras clientas con el simple hecho de poder practicar y ayudar, algunas seguían al pie de la letra una guía de alimentación balanceada, pero el estrés no dejaba que llegaran a su peso ideal.

En un principio, amigas, conocidas, familiares, pues nadie me conocía aun con mi cambio de carrera; ya que tengo una Licenciatura en Economía, trabaje como sería algo "habitual" con horario de 8 horas al día, en oficina, en una empresa manufacturera, en donde aprendí sobre exportaciones, logística, pronósticos, proveedores, clientes, ventas, en fin no acabaría mi lista de todo lo que aprendí, fue una grata experiencia que agradezco siempre, en ese tiempo pasaron momentos muy importantes, me case, tuve a mis hijos, y claro que muchas veces me quejaba del estrés, por el trabajo diario, el tráfico, la casa, los hijos, la vida normal en estos tiempos modernos.

Recuerdo estar en las noches muy cansada de mi día tan agitado, llegaba a mi casa queriendo dormir, era lo único que pensaba, comer algo, lo más fácil y rápido de preparar para después irme a mi cama para ser abrazada por Morfeo, pero no, ¡sorpresa!, no podía dormir, seguía toda acelerada del estrés del día, la energía que proporciona el cortisol hace que al estar tan activo, por la noche no podemos descansar correctamente, ya que la hormona se activa en la noche y por la mañana nos sentimos agotadas.

Entonces dormía mal, me despertaba cansada, otra vez a mi rutina diaria y llegaba el viernes arrastrando la cobija de mi semana tan pesada, el fin de semana no lo usaba para descansar, pensaba que si me quedaba en casa descansando, acostada en el sofá o viendo televisión, estaba desperdiciando mi vida, ya que toda la semana la pasaba en la oficina, quería disfrutar el fin de semana, ya sea en alguna comida familiar, con los amigos, paseando a mis hijos, no importaba lo que mi cuerpo me pidiera, yo quería plan para el fin de semana, sin escuchar a mi cuerpo.

Y así viví varios años, anhelando el fin de semana, anhelando los días de vacaciones, pero mientras tanto sin descanso, y ¿qué le pasaba a mi cuerpo?, me enfermaba constantemente de infecciones de garganta, sinusitis, tenía ataques de ansiedad, perdida de cabello, colitis nerviosa, cansancio extremo, era la primera en estar bostezando en las reuniones, por más que quería seguir despierta no podía. Así que ni disfrutaba bien la fiesta ni descansaba como debía.

Tiempo después, cuando dejé de trabajar pensé que todos mis problemas por el estrés se me iban a terminar, estaba feliz, hasta fui a festejar mi último día de trabajo. Me sentía liberada, libre para hacer todo lo que no había podido hacer durante años, iba a poder estar en forma, ya no tenía pretexto para no ir al gimnasio, libre para poder desayunar con mis amigas, libre para todos los festivales y compromisos escolares, libre para quedarme si quería una mañana descansando, y lo más importante iba a poder estar con mis hijos al 100%, parecía un sueño hecho realidad. Y no soy la única mujer que piensa así, creemos que el dejar de trabajar en la fuerza laboral nos va a permitir estar digamos en el "Paraíso". Pero cual fue la realidad, que al ser ama de casa, no me bajo el estrés, quizá hasta aumento, ya que eres tu propio jefe, y depende de tu perfeccionismo en querer tener todo en su lugar, limpio, ordenado, comida lista, compromisos sociales, actividades de los niños, es una lista interminable de actividades que nosotras mismas nos creamos como si fueran competencias con otras mamas. Entonces todo lo bueno que parecía el no tener que manejar en las horas pico, los problemas con los clientes, la rutina del trabajo, se empiezan a extrañar.

Este estrés al ser ama de casa me provoco, alergias, dolores de lumbar, constipación, visitas al ginecólogo, gastroenterólogo, ortopedista, muchas al médico general, terapias de acupuntura, reiki, masajes, sin encontrar el porqué de mis síntomas. Fue una búsqueda de casi dos años, nada fácil, ya que no entendía que me estaba pasando. Y así como yo, hay más mujeres en el mundo, padeciendo lo mismo, sin encontrar el por qué.

Hasta que decidí tomar mi salud en mis manos, ya me habían dicho todos los doctores que visité que no tenía NADA, así que empecé a escuchar a mi cuerpo, coincidió que me inscribí a la Certificación de Asesor de salud, y al ser un programa integral y holístico, me ayudo a reconocer que lo que tenía era causado por el ESTRÉS.

Hoy doy Gracias a Dios por que pude encontrar la fórmula para sentirme bien.

Cuando van llegando a mi vida, estas mujeres queriendo en primer lugar bajar de peso, me doy cuenta que presentan síntomas similares a los que yo tenía, como dicen, tus clientes pueden llegar a ser tu espejo, y si, lo comprobé.

Lo difícil es hacer entender a estas maravillosas mujeres que el estrés está controlando su vida, lo que nos provoca un desbalance, ese balance que necesitamos para sentirnos bien, completas, felices y saludables.

Recuerden que vivimos con el nivel de cortisol alto, provocándonos mal humor, falta de libido, obesidad, así no nos merecemos vivir, merecemos estar tranquilas, ser pacientes, positivas, en paz con nosotras mismas, si nosotras no estamos bien, nada funciona, las mujeres somos la base de la familia, así que la responsabilidad en dar el ejemplo es muy importante, y a ti.

¿Como te gustaría que te vieran tus hijos? …..

Mi primera experiencia con la palabra estrés la recuerdo cuando era pequeña, a mi Papa le dio una parálisis facial en la mitad de la cara, el, viendo las cosas de manera positiva y graciosa, intentaba silbar sin lograrlo, para hacernos reír a mis hermanos y a mí. El doctor le dijo que había sido causado por el estrés, fue algo pasajero y en un par de semanas con el tratamiento indicado recupero su salud. En cambio, mi Mama es más nerviosa y estresada, empezó con la presión alta, siguió con la diabetes, luego con insomnio, el doctor le receto así sus tres pastillas diarias, agregando en los últimos años una cuarta, un tranquilizante por los nervios y estrés.

Mi Mama siempre se dedicó a sus hijos y al hogar, se lo agradezco y admiro mucho, ya que no es nada fácil, pero creo que se olvidó un poco de sí misma, nunca ha sido una persona que le gustara el deporte, a veces iba a sus clases de aerobics, o de gimnasia, pero nada que la motivara, solo fue por un corto periodo, no ha experimentado en carne propia los beneficios de hacer ejercicio para mejorar su salud.

En mi adolescencia me empezó un dolor en el lado izquierdo del estómago, cuando fui al doctor, fui diagnosticada, a los 13 años, con colitis nerviosa, ¿nerviosa yo? pensé, no, yo no estoy nerviosa, no tengo por qué estarlo. Tuve episodios más fuertes que otros, pero nada grave, aprendí a vivir así, y cuando el dolor es fuerte, te tomas el medicamento que tristemente solo ayuda al síntoma y no a la causa o raíz. Así que la colitis fue algo que se me detonaba cuando estaba estresada.

Cuando termine la universidad, en ese lapso entre la preparación de la tesis y el examen profesional sentía que se me iba el aire, el doctor, el cual me realizo electrocardiogramas y otros estudios, me dijo que eran ataques de ansiedad, me pregunto si estaba preocupada por algo o nerviosa, a lo que conteste que no. Yo no lo notaba, ese, ese es el meollo del asunto, cuando estamos estresados, no lo notamos, aprendemos a vivir así, nos acostumbramos, y es ahí donde empiezan los problemas. En esa ocasión el doctor me receto un multivitamínico, yo pienso que solo como un placebo, ya que cuando termine el examen profesional desapareció la ansiedad.

Las invito hacer una retrospectiva, de las pocas o muchas visitas al doctor, ¿qué fue lo que hicieron días o tiempo atrás?, analizando si existe relación con algo que les hubiera podido generar estar preocupadas o tristes o ansiosas o nerviosas.

Al escuchar a mis clientas, me identifico tanto con ellas, por que escucho exactamente lo que yo viví, nos saboteamos desde adentro, nuestros pensamientos negativos y fatalistas nos llevan a este tipo de situaciones. Una de mis clientas, termino en urgencias porque le dolía el pecho y el brazo izquierdo, supuso que podría ser un infarto, entonces espero a que su esposo se fuera a trabajar, dejo a sus hijos en la escuela, y sola manejo al hospital, para no preocupar a la familia, después un chequeo médico, la mandaron a casa ya que no encontraron nada, no se explicaba que había pasado, al hacer memoria recordó que había ido al gimnasio días antes y pensó que quizá había sido un exceso de carga con las pesas, solo un musculo lastimado, imagínense lo que su pobre cuerpo, nuestros pobres cuerpos sufren cuando nuestra mente, nuestro estrés nos hacen creer que estamos a punto de morir, ella puso en peligro su vida al manejar teniendo un ataque de ansiedad.

Así como el internet es una maravillosa herramienta para encontrar información, es un arma de dos filos, para gente como yo, que, al tener alguna dolencia o síntoma, buscaba en la red la respuesta, y al leer las enfermedades que pudieran coincidir me generaba más estrés, mejor evito usar el navegador para un tema de salud.

Las preguntas de mis clientas son similares, ¿Sabes que significa el nivel "X" en el colesterol, o un dato fuera de rango en unos análisis de sangre?, abren los resultados de los estudios por curiosidad, se ponen a buscar en internet con información que solo profesionales de salud entienden, lo que genera angustia y preocupación; si son este tipo de personas, por favor sigan este consejo, nunca abran los resultados de unos estudios hasta que este el medico presente para interpretarlos.

Con cada clienta me identifico en alguna situación, somos todas muy parecidas, nos exigimos, presionamos, no nos cuidamos, y hasta que tocamos fondo pedimos ayuda.

Algunas tocamos más fondo que otras, pero todas tenemos algo en común, somos en la lista de prioridades el último lugar, no sé si es algo normal de género, o es nuestra cultura, educación o costumbres, pero son malos hábitos que debemos romper.

Uno de los talleres que imparto, se llama "La Salud de la Mujer", en donde compartimos ideas para el bienestar, buscando yo algo chistoso para relajar la plática, encontré una guía de la buena esposa de los años 60s, cosas como luce hermosa, se dulce e interesante, debes tener siempre tu casa impecable, minimiza el ruido, ten siempre lista la cena, asegúrate que tus hijos estén bien peinados y limpios para cuando llegue el marido de trabajar, no te quejes enfrente de él, entre otras, sorpresivamente muchas de las participantes, seguían practicando este tipo de costumbres lo que las presionaba en sus actividades diarias.

En pocas palabras lo que dice esta guía, piensa en todos antes que en ti.

Si tú no estás bien contigo mismo, no puedes estar bien con las personas a tu alrededor, más alejada estas de sentir plenitud y ser la mejor versión de ti.

Estamos acostumbradas a aceptar más compromisos, en el trabajo más responsabilidades o favores, ¿porque?, porque no sabemos decir No, es una palabra que nos hace sentir rudas, mal educadas o sin tacto, aprendamos a poner límites para ser felices, sin importar lo que piensan los demás, no nos sirve de nada querer quedar bien, si no lo hacemos de corazón o aceptamos compromisos o favores y después te matas para poder cumplirlo y vienen los arrepentimientos y frustraciones.

Empecemos de una vez aprender a cuidarnos.

Otro problema muy común entre mis clientas, es el quejarse de estar cansadas, y más las que tienen hijos pequeños, están tan cansadas siempre, que están de mal humor, tienen falta de libido, poca paciencia, es un círculo que nos lleva de nuevo a los niveles altos de cortisol, Y ahí estamos con toda la carga del hogar, los hijos, el trabajo, viviendo día con día con el acelere.

Una de las primeras tareas que les dejo a mis clientas, es por lo menos una vez por semana, hacer algo para ellas, una clienta me platicaba que se pintó el cabello, pero en casa porque no tenía tiempo para ir al salón de belleza ¿No te da tiempo? ¡Encuéntralo!, otra clienta me cuestiono, si ir al centro comercial a cambiar un suéter de su hijo se podría considerar como esta tarea, a lo que yo respondí que no, ya que la tarea es hacer algo que te distraiga completamente de tu rutina. Hay unas muy aplicadas que se dan un baño de tina, un masaje, empiezan la lectura de un libro, algún hobby, y los resultados son maravillosos, porque ellas mismas se dan cuenta de lo descuidadas que están, por ellas mismas, recordemos que nuestro cuidado personal, no depende de nadie más que de nosotras mismas, no esperemos que nuestros hijos, parejas, padres, amigos nos lleven de la mano a meditar, a clases de baile, a pasear al parque, a leer, o lo que más nos guste, porque nadie más que tú, tiene el control.

Cambiemos y busquemos todo lo que el mundo nos puede dar para ser felices, busquemos nuestra esencia, nuestro balance, nuestro bienestar.

Se escucha muy fácil ¿no? Encontrar el balance en nuestras vidas, buscar hobbies, la plenitud, el bienestar, la paz interior, etc. Pero ¿cómo empezar? ¿Cuál es la fórmula secreta? ¿Dónde la compro?

Aquí les comparto algunos consejos prácticos que nos ayudan a las mujeres a bajar el estrés.

#1

DEPORTE

Toda mi vida he realizado diferentes deportes, de pequeña mi Papa nos llevaba a correr a mis hermanos y a mí, y yo que era muy competitiva tuve mi primera decepción en una carrera de 5 k al no quedar en los primeros lugares, me frustró y dejé de correr, error, por no escuchar a mi Papa para continuar con este deporte.

Continué en lo clásico, cuando tus padres deciden, clases de natación, que no me gustaban mucho, pero era algo que tenía que aprender, nada que me apasionara.

Alrededor de mis 12 años entramos mi hermana y yo a clases de jazz, y bueno ahí nació mi amor al baile, no faltaba a ninguna clase, a pesar de ser una bailarina promedio, con muy poca flexibilidad, veía por ejemplo a mi hermana haciendo Split y a otras bailarinas que hacían todos los movimientos con mucha facilidad, y yo no lo lograba, en una ocasión me tuvieron que ayudar dos maestras para que pudiera bajar el Split!, Sí que me dolió, después de que cerraron la academia de baile, me inscribí con una de mis mejores amigas al gimnasio, hacíamos un poco de cardio, y después nuestra rutina, pasamos buenos momentos, pero nada que me apasionara, intente spinning, clases de zumba, otra oportunidad a la natación, box, circuitos, etc. Y con el tiempo, casada, trabajando y con 2 hijos, pues era casi un milagro poder ir unas 2 veces a la semana a gimnasio.

Años más tarde regrese a correr, motivada por mi esposo, y para ayudar en ese momento a mi lento sistema digestivo y dolores de espalda, pude experimentar los beneficios, tanto físicos como mentales, ahora lo disfruto mucho, correr al aire libre, cuando estoy motivada nada me detiene ni el frio, ni la nieve, el calor o la lluvia, puedes empezar caminando y poco a poco ir corriendo, hay muchos programas en donde te enseñan a correr desde cero, en lo personal me ayuda a conectarme con la naturaleza, a sentirme viva y con metas en la vida.

Te recomiendo probar, quizá sea también para ti el deporte indicado.

Otra opción es la Yoga, un día en casa se me ocurrió hacer una clase de Yoga en línea, por un artículo que leí en donde mencionaban que ayudaba a tener   elasticidad, (que nunca tuve y necesitaba en el baile), y así empezó mi jornada en la Yoga,   decidí entrar a una clase, y pues a copiar lo que hacían los demás, después entendí porque de repente cada quien va por su lado, o de repente alguien se para de manos a mitad de la secuencia, el hacer YOGA ha sido una de las practicas con mejores resultados tanto físicos como mentales, te da más fuerza, resistencia, elasticidad, me siento con mucha energía, y me ayuda a tener paciencia con los demás y conmigo misma.

Se los recomiendo muchísimo, dense la oportunidad de conocer nuevas cosas, no ha todas las personas les gustara practicar Yoga, lo que les quiero transmitir es esa búsqueda, a mí me costó varios años, no es de un día para otro, no se van a sentir súper bien en la primera semana de practicar algo, es la constancia, lo que marca la diferencia.

Busquen, busquen algún deporte que las haga sentir bien, que las motive a ir, no con el hecho de bajar de peso, o porque está de moda, busquen algo que al salir sientan esa paz, esa satisfacción de hacer algo por sí mismas, aparte están todos los beneficios físicos, se paciente con tu cuerpo, poco a poco, sin exigencias.

Si vienen los pensamientos negativos, no puedo, no tengo condición, no tengo tiempo, no soy buena para el deporte, está muy difícil, cuesta muy caro, no tengo ropa adecuada, empiecen por ¡cambiar esas creencias ¡, estos son unos ejemplos de nuevas creencias:

Van a poder... haciéndolo de una manera paulatina, sin exigir a sus cuerpos.

Van a poder... encontrando el tiempo, para su cuidado, su salud, su mente.

Van a poder... practicando algo que sea ideal para ti.

¿Por qué no buscas algo que te hacia feliz en tu niñez?

Desde una simple caminata, andar en bicicleta, en patines, clases de baile, natación, pilates, clases tenis, practicar box, jugar golf, crossfit, hay opciones, y nunca es demasiado tarde para empezar a practicar algo nuevo.

¿En qué me va a beneficiar el deporte?, ¿qué relación tiene con el estrés? ¿Cómo me ayuda?

Al practicar algún deporte, en primer lugar, nos va a beneficiar psicológicamente que es lo que queremos para bajar los niveles de cortisol, ya que nos va a distraer de todo lo que nuestra cabeza está pensando y que te esté preocupando.

Y fisiológicamente, se van a liberar endorfinas por el cerebro, que nos va a provocar esa sensación de bienestar, exacto, ese bienestar que estamos buscando para estar tranquilas, felices, en paz con nosotras mismas y el mundo que nos rodea.

Entonces a buscar esa actividad siendo pacientes con nuestros cuerpos y capacidades, algo que no nos genere otra vez estrés, porque si no regresaremos a ese círculo vicioso.

Esto lo vemos claramente con los deportes en equipo a nivel profesional, las competencias les generan estrés, así que nosotras nos enfocaremos en encontrar algún deporte que nos permita relajar nuestro cuerpo, mente y espíritu.

Recuerden que el deporte ayuda a que nuestro cuerpo funcione mejor, estamos más alegres, nos vemos mejor, y nos cansamos menos.

Entonces, ¿qué esperas para empezar a practicarlo?

#2

PRáCTICA ESPIRITUAL

Es un tema tan polémico y una de las principales causas de conflictos en la humidad.

Lo único que yo les puedo recomendar es sin importar la religión que tengan, que busquen ese ser superior al cual agradecer, recuerden como dice el dicho, "La Fe mueve montañas".

Cuando sabemos que tenemos un Ser superior cuidándonos o apoyándonos, nos ayuda a afrontar los problemas y las situaciones difíciles en la vida.

¿Si no a quien le agradecemos por todas las bendiciones que tenemos? a veces nos sentimos tan estresados que ya no sabemos para donde seguir, yo te invito a que agradezcas ese momento que te lleva a conectarte con tu Ser superior.

Hay personas que les funciona rezar, en esos momentos difíciles, el rezar u orar los tranquiliza, en algunas culturas se canta en las misas, eso me parece algo maravilloso, el cantar orando también ayuda a relajarte.

En un día soleado disfruto andar en bici, eso me hace sentir agradecida, el sentir el aire fresco de la mañana, el sol en mi espalda, hace que el paisaje parezca de película, en ese momento siento paz y agradezco el poder recibir ese sentimiento.

En las noches al observar a mis hijos dormidos, el solo hecho de verlos tranquilos en sus camas, me hace sentir agradecimiento por ver a mi familia con salud.

Cuando empiezas a agradecer la inmensidad de tus bendiciones, es cuando te acercas a lo espiritual, y es algo que cuando estas dentro, y lo sientes, te hace sentir en Paz, un bienestar inexplicable.

Puedes empezar reflexionando 5 bendiciones por día. Vas a ver como la forma de ver tu vida cambia por completo, entre más valores lo que tienes, te llegaran más bendiciones.

#3

COLOREAR / ILUMINAR

Así es, aunque no lo creas, el arte de colorear tiene un gran beneficio para calmar, tranquilizar, y distraer la mente, es decir, bajar el estrés.

Cuando vemos a nuestros hijos, sobrinos, o cualquier otro niño dibujando o coloreando podemos observar la concentración, la habilidad para cambiar los tonos, mezclar colores, etc., se ve la calma y relajación en sus caritas.

Yo soy de esas personas que cuando estoy nerviosa y tengo cerca un papel y un bolígrafo me pongo sin darme cuenta a dibujar, rellenar espacios, ya sea hacer florecitas, nombres, animalitos, lo que hago es distraerme o calmarme.

La primera vez que me compre un libro para iluminar, para adulto, lo compre gracias a mi hija, ya que le gusta mucho todo lo que tiene que ver con el arte, y me dijo, - mira, ¿me compras este libro? pensé que era un libro infantil.

Estando ya en casa, ella saco su estuche de colores, yo estaba escuchando música, se sentó en la alfombra para iluminar cerca de mí, en la mesita de la sala. Estuvo horas, iluminaba, cambiaba constantemente los colores, y yo la observaba, ni platicaba, que eso es raro, ya que lo termino, me di cuenta el gran trabajo que había hecho, por eso le dedico tanto tiempo, eran miles de espacios para colorear, y cuando leí el título del libro, - Libro para bajar el estrés, meditar iluminando-, entonces decidí también probar, y también utilice casi toda la gama de colores, estuve bastante entretenida iluminando como cuando era niña, porque no recuerdo haber vuelto a iluminar para mí, desde que era pequeña, me divertí y me gusta hacerlo de vez en cuando, puedes encontrar de paisajes, animales o tipo mándalas, estas son figuras en forma de circulo y tienen su origen en la India.

Nos van ayudar a nuestra concentración, creatividad, imaginación, es una forma de expresarnos y lo que estamos buscando, bajar nuestro estrés, para estar contentas, tranquilas y, en paz.

Si alguna vez han conocido a un artista, que les cuenten que es lo que sienten al crear, esa experiencia de plasmar ideas, pensamientos, es lo que los lleva a otra realidad, la búsqueda del ser, de nuestro ser interior.

No todos tenemos ese talento, pero si podemos iluminar y disfrutar los beneficios de esta experiencia.

No esperes a estar a punto de explotar para hacerlo, este tipo de herramientas las debes ir metiendo en tu rutina poco a poco.

#4

CANTAR / ESCUCHAR MúSICA

No vas a creer que muchas de las cosas que nos sirven para estar bien, sean cosas tan simples, y son actividades que generalmente hacíamos en nuestra niñez o adolescencia.

En una ocasión leí un libro en donde la protagonista le gustaba mucho cantar y su esposo estaba sorprendido de que se supiera la letra de todas las canciones que escuchaban en la radio, ella platicaba que el cantar le recordaba a su Mama, una mujer alegre que cantaba al estar contenta, así que ella sentía lo mismo al cantar.

Desde la antigüedad muchas civilizaciones han utilizado la música para expresar sus sentimientos, el Blues expresaba tristeza, el Rap rebeldía, en estas épocas ya se vale de todo, música que parece muy feliz, pero con la letra triste o viceversa, al expresar nuestros

sentimientos nos hace sentir mejor, cuando escondemos o no expresamos nuestros enojos, frustraciones o angustias, puede provocarnos depresión y muchas enfermedades.

No tienes que saber cantar muy bien o ser afinado, solo canta, como dicen cantante de regadera, a mi Papa que es una persona muy peculiar, le gusta cantar en la regadera y a mí me causa risa por que canta a veces muy fuerte, y me da pena que lo escuchen los vecinos, es una manera de empezar el día de buenas, cantando muy contentas e inspiradas, o simplemente escuchando tu música preferida.

A mí me gusta escuchar música al ir manejando, cuando trabajaba de tiempo completo y tenía que cruzar parte de la ciudad, con el tráfico en las horas pico, me gustaba ir cantando, me daba energía, y me hacía ver el camino menos tedioso y más corto.

Ahora todo ha cambiado, me gusta poner la radio al cocinar, escuchar música en familia, cada quien pone su canción favorita, y los valientes cantamos.

Cuando somos adolescentes la música nos hace ser parte de, de pertenecer en el círculo de amigos, quien no ha visto a casi todos los adolescentes con sus audífonos escuchando música, aunque esa es otra historia.

Toda la carga de negatividad, preocupaciones, miedos, angustias, que dan como resultado más estrés, tenemos que sacarla, el cantar es otra herramienta que podemos utilizar para sentirnos mejor, más felices, ¿cuándo han visto una fiesta con karaoke aburrida?

Además, el escuchar música ayuda a aprender otros idiomas de una manera más divertida.

Así que nunca dejes la música y el canto lejos de tu vida.

#5

MEDITACIóN / RELAJACIóN

La meditación es un practica que entro en mi vida hace apenas unos años, me falta constancia, pero con lo poco que he practicado he visto sus beneficios.

En ocasiones prefiero audios con música para relajar, ya que para mí la música me relaja más que estar en silencio como en la meditación.

Cuando empecé a meditar lo primero que se me vino a la mente es que nunca iba a tener la mente en blanco, soy de esas personas que piensan demasiado, cuando empiezo hacer mis respiraciones y trato de concentrarme, ya estoy pensando en que pendientes tengo, ir al supermercado, deberes en casa, escritos, etc., cosas que solo me distraen de lo que estoy haciendo.

Con el tiempo entendí que meditar va más allá de solo querer poner mi mente en blanco, la meditación para mí, son esos minutos en el día, que los dedicas a ti, y lo más importante a tu mente.

No va a importar que vengan y vayan pensamientos, el solo de hecho de dedicarte ese tiempo a ti, te va ayudar de una forma maravillosa.

Las respiraciones nos ayudan a calmar nuestro sistema nervioso, como sabemos, los intestinos tienen más entradas nerviosas que el cerebro, así que al respirar conscientemente nos ayuda a relajarnos.

Existen diferentes tipos de meditación, a mí me gustan los retos de meditación en donde por un determinado número de días te comprometes a meditar, unos van dedicados a la salud, a tu seguridad, al amor, al trabajo, etc., hay otras meditaciones que también he practicado en las que el principal objetivo es la relajación, escuchas una música, respiras, te imaginas lo que el guía quiere transmitir.

Cuando a mis clientas les sugiero meditar, o escuchar algún audio con música para relajarse, me dicen que no tienen tiempo, siempre es el pretexto, ¿a qué hora? Si no tengo tiempo para nada, entonces les enseño que pueden empezar con solo un minuto al día e ir aumentando poco a poco, una de mis clientas lo hacía en su oficina, cerraba la puerta, ponía su alarma, empezó con la meditación de 1 minuto hasta llegar a 10, y ya que experimento los beneficio, lo volvió una rutina en su día, le ayudo para eliminar la ansiedad.

Otra clienta que tenía un bebe pequeño me decía que cuando se ponía música para relajar, estaba tan cansada que se quedaba dormida, y con esos pocos minutos de siesta agarraba pila para seguir.

La meditación y relajación, no solo te van ayudar a bajar el estrés, también te ayudaran a subir tu energía para tus actividades diarias, a tener claridad mental, que a mí en lo personal me hacía falta, después de que deje de trabajar de tiempo completo, como que entre a un estado de multitasking en mi hogar, me sentía muy atarantada, muchas veces olvidaba donde dejaba las cosas, muy distraída, no faltaba que guardara por ejemplo un queso en la alacena en lugar del refrigerador, o la medicina en el refrigerador en lugar que en el neceser del baño, perdía las llaves del automóvil constantemente, y hasta al estar platicando cotidianamente olvidaba las palabras.

El colmo fue aquella vez que olvide recoger a mi hijo en su entrenamiento de futbol con todo y otro amiguito con el que hacíamos rondas, porque según yo terminaba la práctica más tarde.

Muchas veces nos comprometemos hacer cosas cuando estamos emocionados o efusivos, y cuando nos calmamos y vemos en que nos hemos metido, vienen los arrepentimientos, ¿no les ha pasado? A mi si, hasta en cosas simples, como estar en alguna comida, en donde estas contento, te venden algo que no necesitas y después te das cuenta del error, o en preparar alguna comida para un evento, y después veo mi calendario y tengo el día lleno. Por eso cuando sea algo importante, date tiempo de meditar y pensaras las cosas más claramente para esa toma de decisiones.

En internet puedes encontrar muchas técnicas, meditaciones gratis, hay aplicaciones para el celular, en CD, en fin, hay una gran variedad y seguramente encontraras la adecuada para ti, solo hay que buscarla.

#6

HOBBIES / PASATIEMPOS

¿Por qué los hombres tienen más hobbies que las mujeres? En mi experiencia, entre todas las mujeres y hombres que he conocido en el transcurso de mi vida, los que más tienen hobbies son los hombres, y si, les ayuda a bajar el estrés.

Lo he vivido desde mis Padres, recuerdo en alguna época ver a mi Mama tejiendo, o jugar boliche, pero en realidad un pasatiempo nunca ha tenido, siempre dedicada a nosotros y al hogar. Ir de compras le encanta, pero habría que preguntarle si en realidad le quita el estrés, o al final el encontrar algo a su gusto, que tenga un costo según su presupuesto, el estar en un probador, etc., puede también llegar a generarle conflicto personal.

Muchas mujeres piensan o están educadas con la idea de que ir de compras les ayuda a distraerse y sentirse bien, pero no todas, en mi caso siento que pierdo mucho tiempo y más si tengo que probarme la ropa, vi un programa en la televisión en la que hacían un comparativo en el tiempo que tardaban las mujeres en ir de compras comparado con los hombres, concluyeron que los hombres siempre saben que talla son, cuando encuentran algo que les hace sentir bien, repiten modelos y marcas, en cambio las mujeres, buscamos vernos bien en lugar de sentirnos bien, y nos gusta cambiar de modelo. En resumen, explicaban que una mujer en promedio tarda unas 3 horas en ir de compras comparado con un hombre no más de 45 minutos. Aunado a que algunas mujeres salimos sin comprar nada porque no nos gusta cómo nos vemos con la ropa que nos probamos, así que nos genera más frustración y ansiedad.

En cambio, he visto el ejemplo con mi Papa, siempre ha tenido hobbies y con la edad y el tiempo ha ido cambiando de gustos, desde tocar la guitarra, escribir poesía, jugar boliche, correr, jugar tenis, siempre constante.

También jugar al ajedrez, en general juegos de mesa, y ya jubilado pasa el tiempo, haciendo crucigramas y sudokus. Ah y también las maquinitas, no falla.

Tengo amigos que ya en su edad adulta, siguen practicando lo que más les gustaba hacer cuando eran niños, ya sea que se junten a jugar futbol, andar en bici, van al squash, juegan cartas, practican golf, y siempre encuentran tiempo.

Por otro lado, mis familiares mujeres o amigas, tenemos pocos o ningún hobby, y para ponernos de acuerdo para hacer algo es muy complicado, siempre ponemos primero las necesidades de la familia que las nuestras.

Las invito a buscar algo que les guste hacer de manera muy personal, que disfruten, un pasatiempo que les ayude a distraer esa mente que se llena de pensamientos de una manera impresionante, recuerden lo que hacían nuestras abuelitas, tejían, horneaban con amor, cuidaban sus jardines, paseaban en los mercados, tomaban café o té con las vecinas, se juntaban hacer macramé, jugaban cartas, nosotras ya no lo hacemos, todo esto las ayudaba a distraerse y a disfrutar los momentos. Recuerda que nunca es demasiado tarde.

NINFAS SIN ESTRéS

#7

ESCRIBIR

En algún momento de mi vida decidí tener un diario, ya sea por moda, o porque me gusto la portada del cuadernito, la verdadera razón no la recuerdo.

En ese diario empecé anotar lo más importante que me pasaba en el día, a expresar mis sentimientos, fue en mi época de adolescente, en la cual no es fácil platicar con nuestros padres.

Es más fácil confiar en tu mejor amiga o escribirlo en tu diario privado, ya que en algunas ocasiones nuestros sentimientos los vemos como secretos. Lo importante es expresar lo que sentimos. Ya sea alegrías, tristezas, éxitos, frustraciones, el expresarnos permite sacar todo lo negativo. ¿De que manera nos puede ayudar? A lo que buscamos, a ser felices, a sentirnos livianos.

Cuando estamos tensos, enojados, nerviosos, comúnmente nos puede doler la espalda, los hombros, el cuello, y no comprendemos el por qué, del dolor, este dolor se puede volver crónico, yo estuve aproximadamente dos años con dolor de lumbar, que era inexplicable ante los doctores, y después de trabajarlo a nivel emocional, me di cuenta que era por el estrés. Así que he buscado por todas formas sacarlo, el escribir me tranquiliza y me motiva a la vez, ya sea algún blog o en mi diario de agradecimientos, es algo que al terminar me llena de satisfacción.

No ha todas las personas les funciona, pero se puede considerar como otra herramienta, hay momentos en la vida que el escribir no me hubiera funcionado, es más ni lo hubiera considerado, cada momento es perfecto, pero hay que ir buscando con los recursos más sencillos que nos da la vida, recuerden que no hay límites para hacer lo que queremos, yo jamás imagine escribir, se me hacía algo complicado y cuando empecé a escribir, me di cuenta que puedo expresarme mucho mejor que al hablarlo, al hablar se me van las ideas y me distraigo más fácilmente, en cambio al escribir me concentro, me conecto con mis pensamientos y salen las palabras solitas.

Como dice el dicho: "Nunca digas nunca", y toma en cuenta para esas ocasiones de estrés, en escribir tus sentimientos.

Puedes empezar a escribir ya sea un cuaderno o en tu computadora como si fuera ese Diario, a escribir como te fue en el día, algo que parece tan simple, te puede ayudar de verdad a sentirte mejor.

Otras personas recomiendan escribir a primera hora de la mañana, que escribas lo primero que te viene a la mente, es un ejercicio para traer pensamientos e ideas del subconsciente, ayuda a la creatividad, personalmente lo intente, pero no me funciono, me gusta escribir cuando estoy sola, así que espero a que mis hijos y mi esposo se vayan a sus actividades para conectarme con mi ser, pero es una técnica que a muchas personas les ha funcionado.

Te invito a probar esta forma de expresión, no esperes a explotar, ayúdate sacando el estrés de esta manera.

#8

LEER

La lectura es algo que se ha ido perdiendo con las épocas, no lo permitamos, en algunos países con el uso de la tecnología, un niño pasa aproximadamente 5 horas al día en la computadora, viendo la televisión, jugando video juegos o simplemente navegando en internet, se ha perdido la buena costumbre de la lectura, y en este año histórico con la Pandemia del Coronavirus y la escuela virtual, el tiempo puede ser mucho mayor.

Ya la época de los libros impresos ha evolucionado, y vemos los miles de libros que se pueden bajar a las tabletas o a los celulares, aunque todavía hay personas que prefieren leer el libro impreso como digamos a la antigua, se ha visto reflejado en como las librerías y bibliotecas han tenido que evolucionar para estar al día con la tecnología.

El leer tiene muchísimos beneficios, entre los más importantes nos ayuda a distraernos, a que nuestra mente trabaje y por lo tanto reducir el estrés, cuando el hábito de la lectura forma parte de nuestra vida, entramos a otro mundo, es nuestro espacio, ese momento de silencio que aunque no lo crean, también las mujeres lo necesitamos, lo digo porque tenemos fama de hablar mucho, nuestra mente nos hace viajar a lugares increíbles, nos adentramos a la historia viviendo cada parte como si nosotros participáramos en ella. No es lo mismo ver una película, cuantas veces no han escuchado la frase, Me gusto más el libro, yo, miles de veces.

La lectura nos ayuda a tener mejor ortografía, a tener más vocabulario, más imaginación, y buscar ese espacio que necesitamos como personas.

Una de mis amigas recuerdo que cargaba siempre unos libros enormes, como tabiques, siempre en sus vacaciones, en un viaje que hicimos en familia, ella se acababa de casar, me dijo,: "no hay mejor combinación, un libro y unas vacaciones", claro, que yo con dos niños pequeños, en esa época todavía bebes, pues me era imposible poder acostarme en el camastro a deleitar un buen libro, pero ya con el paso de los años, me he acostumbrado a leer en las noches, y dependiendo de mi interés en la historia, hay veces que leo poco y me quedo dormida, pero si es una linda novela romántica, o de suspenso, vale la pena la desvelada.

Cuando recomiendo algún libro a mis clientas, viene la respuesta de siempre, - No tengo tiempo -, si no tengo tiempo ni para leer mis mails personales o las noticias, como voy a tener tiempo para leer. Es el pretexto que nos gusta usar para no cuidarnos, no hay tiempo, para hacer ejercicio, para meditar, o cocinar platillos saludables, entonces ¿cuándo vas buscar ese tiempo? .... para ser feliz.

Leer, es una herramienta que está ahí esperándote, puedes incorporarte a un club de lectura, recuerdo cuando mi hijo cursaba el 5to año escolar, los motivaron en el club de lectura, en ocasiones él ponía su despertador a las 6 de la mañana para leer, para poder opinar y ayudar a que su grupo de lectura ganara puntos. Este es un ejemplo de que cuando hay motivación encontramos el tiempo.

Puedes descargar libros gratis en internet o sacarlos de la biblioteca que tengas cerca de tu casa, así que el costo tampoco es pretexto para no empezar a leer.

NINFAS SIN ESTRéS

#9

CONECTAR CON LA NATURALEZA

Gente como yo, una chica de ciudad, que crecí en una de las ciudades más grandes del mundo, rara vez teníamos alguna actividad cerca de la naturaleza, lo más parecido era ir a jugar al parque con los vecinos en donde había juegos, una cancha de basquetbol y uno que otro árbol. Mis papas compraron la casa donde viví hasta antes de casarme, cuando todavía esa zona, era el suburbio de la ciudad de México, familias de gente joven con hijos pequeños que se acababan de casar, así que eran casas nuevas, muy despoblado, sin contaminación. 40 años después, hay muchas personas de la tercera edad, se llenó de comercios, ha crecido muchísimo, ya no existe diferencia entre la ciudad y los suburbios, la contaminación nos alcanzó, el tráfico, los comercios, restaurantes, etc.

Así que una cultura de estar en contacto con la naturaleza nunca la aprendimos y preguntándoles a mis Papas, ellos tampoco la tuvieron en su infancia. Un par de veces al año era ir de vacaciones generalmente a la Playa y claro que nos encantaba, pero no hacíamos conciencia del contacto con la naturaleza, lo gozábamos mucho, la comida, la playa, el mar, el atardecer, por eso es que las vacaciones se anhelan tanto por que salimos de nuestra rutina diaria.

Al tener la oportunidad de haber vivido en otro país, en un pueblo pequeño, rodeada de vegetación, precisamente en la Selva Negra de Alemania, me permitió estar en contacto con el bosque en su totalidad, aprender de los nativos, esa necesidad que tienen de cada fin de semana o más frecuente, el de salir a caminar al bosque.

En el kínder donde asistía mi hija, cada semana había un paseo al aire libre, sin importar las condiciones climáticas, no podía faltar el paseo semanal a la montaña, a veces pensaba yo, pero está lloviendo y hace frio, que martirio, y al preguntarle a mi hija como la había pasado, siempre me contestaba feliz, estuvo increíble, nos mojamos, brincamos en los charcos, no me asombraba su respuesta, después de ver sus pantalones completamente llenos de lodo. Esta cultura de estar cerca de naturaleza era algo nuevo para mí, era una diversión gratuita.

Como dice el dicho: "Al lugar que fueres haz lo que vieres", empezamos a salir con nuestra back pack, en donde llevamos algo para comer y beber, zapatos cómodos, y a caminar. A veces mi condición no era muy buena, pero hacia lo posible por disfrutar el paseo, y más cuando llegábamos a la parte más alta, el paisaje y el respirar el aire puro, era suficiente regalo para tal esfuerzo. Las primeras veces no le encontraba la diversión, y quería quejarme, pero al ver que mis hijos avanzaban y disfrutaban opte por guardar silencio y continuar, después empecé a gozarlo.

Observar la naturaleza es algo mágico, el simple hecho de ver cómo cambian las hojas de colores según la estación, el aroma de los árboles, el ruido de los pájaros y de las cascadas o riachuelos, caminar sobre la tierra y las piedras, te permite utilizar todos tus sentidos. Es una experiencia inexplicable.

Recostarse en el pasto, admirar los colores de las flores, ver cómo cambian los árboles frutales, en fin, hay tantos detalles que pasan desapercibidos para las personas que no salen de sus rutinas.

Este contacto con la naturaleza te relaja completamente, respirar el aire puro te ayuda a aclarar tus ideas, ver otro entorno te ayuda a relajarte, admirar las cosas simples te ayudan a valorar lo realmente valioso, ya sea que lo hagas solo o acompañado, prueba, prueba como te puede ayudar estar cerca de la naturaleza, evalúa tus emociones, el antes y después de haberlo hecho, si vives en una ciudad en donde no tienes acceso tan fácil a un bosque, a la montaña, al mar, etc. Simplemente prueba por ir al parque de la esquina, observa a tu alrededor, utiliza todos tus sentidos, desde tocar un árbol, oler una flor, cierra los ojos y escucha el ruido, sal de tu rutina haciendo cosas nuevas.

Te aseguro que tu estrés se disminuirá.

#10

AYUDAR

Hay miles y miles de maneras de ayudar, puedes hacerte voluntario en algún asilo, en la cruz roja, en hospitales, en escuelas, en la iglesia, bibliotecas, etc. el simple hecho de dar tu tiempo es una de las maneras más gratificantes de ayudar, en México todavía nos falta aplicarnos más en la cultura de voluntariado que es tan común en otros países, por ejemplo en Estados Unidos, donde parte de un buen currículo, precisamente radica en el tiempo que se trabaja como voluntario, me sorprendí cuando llene una aplicación para una vacante en un Distrito escolar, todos los renglones que podías llenar de voluntariado y para el contratante es fundamental para la selección del candidato.

También conocemos como ayuda, apoyar de manera monetaria, por ejemplo, a un orfanatorio, alguna asociación sin fines de lucro, apadrinar a un niño para su educación, simplemente juntar ropa que ya no usas y regalarla a alguien que lo necesite. Puedes asistir alguna manifestación con la cual estés favor y vaya con tus valores y creencias, o aportar alguna cantidad a esos eventos muy populares en donde se alcanza alguna meta para un fin en común que ayude a la construcción de centros de rehabilitación, hospitales, escuelas, lo que se conoce con una buena causa.

Puedes formar parte de la causa, o crear la tuya propia, conozco y admiro a una ex compañera de la universidad que tiene una asociación para ayudar a animales y ha logrado cosas impresionantes, aplaudo su dedicación y compromiso.

Otra amiga es voluntaria en un Hospital en el área de oncología infantil y da su tiempo una vez por semana, también algo admirable.

En mi caso me gusta regalar mi tiempo en talleres para mujeres, es una experiencia única, ya que me permite poner un granito de arena en la vida de las personas.

Estos serían los ejemplos más comunes para ayudar, ¿verdad? Pero no es la única manera de ayudar.

También podemos empezar a ayudar en nuestro hogar, ¿Cómo? empecemos con lo que pareciera lo más fácil, pero no lo es, Nuestra familia, pareciera que estamos más abiertos y dispuestos a ayudar a gente desconocida que a la gente que vive con nosotros. Comencemos, en primer lugar, tratándonos bien, siendo más pacientes con nuestros hijos, respetando los puntos de vista de nuestra pareja, escuchando más y hablando menos, evitando juzgar el comportamiento de los demás, aunque no estés de acuerdo o no compartas su manera de ser y/o de pensar. El ayudar empieza desde casa. Es la mejor manera de ayudar al mundo, de adentro hacia afuera, es un efecto multiplicador.

Empieza, en el caso de que tengas hijos, en crear personas con valores, con humildad, respetuosas, amables, felices.

Al educar a personas de gran corazón el efecto es exponencial, entonces sí, podemos ayudar a los que están fuera de casa genuinamente.

La satisfacción que sientes al poder ayudar es un relajante natural, así que considéralo también como una herramienta muy pero muy valiosa en tu vida para ser feliz.

Estas 10 maravillosas herramientas te servirán como apoyo para combatir el estrés, escoge al azar o la que más te guste, poco a poco, ve incorporándolas en tu vida. Siendo paciente contigo mismo, es un camino largo, para algunas como yo, de años, pero cuando logras ese equilibrio, esa paz, ese bienestar, sabes que valió la pena el esfuerzo.

A veces es necesario dar pasos hacia atrás para evaluarnos, pero siempre, siempre, podemos volver a empezar, nada nos detiene, porque es la búsqueda de la felicidad.

El ser felices está en nosotras, a lo mejor tu solo necesitas una herramienta para bajar tu estrés y encontrar armonía en tu vida. En mi caso, necesito de varias y de trabajarlas constantemente, es un trabajo de todos los días.

Doy prioridad a mi bienestar porque me siento bien, sé que lo proyecto, sé que le ayuda a mi familia, a mis amigas, a mis clientas y a la sociedad.

Este bienestar me ayuda a sentirme segura de mí misma, a sentirme amada, consentida, bella, creativa, exitosa, útil, alegre, amorosa, en fin, todo lo que quiero ser.

Gracias Dios por siempre estar a mi lado, y Gracias a mi esposo y mis hijos por apoyarme en todos mis proyectos.

Deseo de todo corazón ayudar a muchas mujeres que, como yo, están en esa búsqueda constante en vivir una vida plena, felices por dentro y por fuera.

Con cariño

Martha Marquina